Los versos que no te di

ADRIÁN GALÁN GARCÍA

Aliarediciones

Corrección: Eladia Guerrero
Diseño de cubierta: Jaime Galisteo
Maquetación: Aliar Ediciones

Depósito Legal: GR 1439-2024
ISBN: 978-84-10374-82-9

Impreso en España

Edita
ALIAR Ediciones
www.aliarediciones.es
info@aliarediciones.es

Los versos que no te di

ADRIÁN GALÁN GARCÍA

A aquellas personas que me han ayudado
a sangrar y llorar estas palabras.
Esto es para ti, mamá. Esto es para ti, papá.

NOTA DEL AUTOR

Mi único objetivo con esta obra, o más bien esta colección de pequeñas obras, es que tú, quien lees estas palabras, abras un poco tu interior e indagues en lo más profundo de ti mismo.

Vivimos en una era de superficialidad, donde las impresiones fugaces, las palabras vacías y los gestos desenfadados se suceden sin pena ni gloria, atravesando nuestra existencia sin dejar huella. Pero es precisamente esa vida la que debemos ejercer en primera persona, dejando de ser meros espectadores de sensaciones y comenzando a explorar lo más oscuro y escondido de nuestro ser.

Ya sea a través de la poesía, la música, el amor o una ilusión efímera, es la naturaleza artística de esos elementos lo que nos invita a ejercitar la vida con intensidad y plenitud. La poesía, más concretamente, es una oda a la vida, porque surge de la fuerza más pura y abstracta que existe: el amor.

Al hablar de amor no me refiero al amor romántico imposible, ni a los amores platónicos, tampoco al amor cortés o al desamor en sus múltiples formas. El amor habita en todas las facetas de la vida. Todo arte nace de él. No existe una sola obra artística que haya sido creada desde una perspectiva ajena al amor, por lo que tanto el arte como quienes disfrutamos de él se lo debemos todo.

Por el contrario, podría pensarse que el desamor es una gran fuerza motriz en el arte, y muchos estarían de acuerdo. Pero es precisamente ese desamor el que, irremediablemente, nos conduce de vuelta a su origen: la añoranza del cariño, la nostalgia y el amor. Es un ciclo eterno, donde cada manifestación de desamor nos recuerda la belleza y la importancia del amor en todas sus formas y expresiones.

Y si a mí algo me ha enseñado este arte es a apreciar la vida como es. Apreciar aquellas cosas que nos da, así como las que nos quita, con toda naturalidad, puesto que los humanos tenemos unas absurdas expectativas de la vida, como si hubiéramos vivido varias de ellas como para saber qué debemos encontrar en esta. Porque es este un planteamiento hedonista para la vida, que tiene un carácter completamente dañino. Es establecer una visión irreal de lo que acaba por ser la existencia humana. Es huir del dolor estableciendo una sucesión de supuestos gozosos que por alguna razón se han colado en nuestro inconsciente y por los que nos sentimos dispuestos a sacrificarlo todo. En esa persecución interminable acabamos perdiéndonos a nosotros mismos.

La poesía, por otra parte, te enseña a aceptar el dolor e incluso a enamorarte de él. Te recuerda constantemente que el dolor nos hace sentirnos vivos, nos hace mejorar y, lo más importante, nos enseña a disfrutar de aquellos momentos en los que el dolor no está, y da paso a la plenitud gozosa de la vida. Aquella plenitud que los ignorantes perseguían evitando el dolor erróneamente, puesto que solo se puede alcanzar tal satisfacción habiendo comprendido y vivido el dolor. Jamás existirá placer sin dolor, al igual que no habrá día sin noche.

Por lo que resta de esta nota, solo diré que esta poesía ha nacido de todas las facetas de mis sentimientos. Es una constante loa al amor, al desamor, al dolor, a la amistad, a la nostalgia y a ese sinfín de sensaciones inefables que todos sentimos y para las cuales aún no tenemos palabras.

Esto es un pedazo de mi alma.

POESÍA

CANTIGA

En el aire danzan sueños,
en tus ojos se reflejan.
Un abrazo, dos destinos,
amor puro, vida llena.

Cada beso, un poema,
nuestro amor, eterna llama.
Tus latidos, mi lema,
con tu amor llené mi alma.

Tu sonrisa, mi anhelo,
luz en noches tenebrosas.
Tus susurros, mi consuelo,
en tus brazos, mariposas.

En el alba, tu voz,
cada verso, melodía.
Cada gesto, sin adiós,
nuestro amor, poesía.

ODA A LA PENUMBRA

En la sombra profunda,
la muerte se desliza,
silenciosa y fecunda,
veloz y fronteriza.

Su abrazo es amable,
su suspiro es silente.
Compañía inevitable,
triste y recurrente.

«Si aparece, adiós».
Me dijo un viento frío.
Susurrándome sin voz,
mi cabeza, un vocerío.

Inerme frente a ella,
cara dulce, fría dama.
Caminos silenciosos
que recorre mi alma.

La muerte, en su abrazo,
un suspiro, un latido.
Silencio en el ocaso,
un destino compartido.

LUZBEL

En los ojos de un ángel reposa un mar,
una brisa sutil, suave melodía.
Bajo mis pies, guerra y pesar,
nerviosas mis manos, danza de agonía.
Como cascada, tus mares me inundan,
tus ojos, tus clavos, batallas airadas.
Herido soy, mas mi alma no se hunde,
tu mente la que cura heridas pasadas.
Del hielo surgida llama ardiente aparece,
invierno de fuego, un ciclo sin fin,
mas el frío, acerbo, en mi ser se establece,
me mata, me hunde hasta el último confín.
Y solo tus ojos merecen el cielo,
pues de este dolor hicieron algo eterno.
Recuerda quién cae, luz en su vuelo,
mas cuando se apaga, espera el infierno.
Eras un ángel, aunque la sombra te seduzca
siempre lo fuiste y siempre lo has sido.
Te vuelves oscura por más que en ti luzca,
eras un ángel, un ángel caído.

TU BRISA FUGAZ

Saber de ti por una boca que no es la tuya
es ver aquel mar en el que no te puedes bañar.
Inmenso y en calma necesita que de ti fluyan
las palabras que un día me prometiste guardar.
Mas quien guarda para no decir no trascenderá,
si sabes que las palabras se las lleva el viento,
¿por qué no regalarme a mí esa brisa fugaz?
Al ignorar que tan tuyo huracán es tormento.
Tu último deseo me suplicaste respetar,
me pediste no hacer más de tus labios los míos,
a pesar de que solo un beso quisiese robar.
Y has de saber que eso no fue más que mi castigo,
pero aun castigado, poesía veo en ti.
No son ni los versos ni el poeta quien describe
la belleza que dentro de ti conseguí advertir
cuando el recuerdo de tu voz aún en mi cabeza vive.

LLÓRAME UN MAR

Nos acostumbramos al dolor no querer ver,
cuando tan frágiles nos vemos enfrente suya.
Pero no te pierdas en ti y déjalas que fluyan,
mas no te mientas, si las lágrimas son tu ser,
cuando de niños aprendimos que no es quien llora
el que porta vacío, aunque quizá lo sería,
si no sintiese, si no llorase o no viviese,
tu navío moverse sin lágrimas no podría.
Esta vida es la que engaña con sonrisas falsas,
sin emociones sinceras, canciones vacías,
fueron todos ellos los que vendieron sus almas.
Y te darás cuenta cuando sientas que te enfrías
si tu corazón afronta tal vida vacía,
cuando en esto coincidirían mil poetisas;
pregunta y verás como nos sentimos más vivos
con una lágrima que con cientos de sonrisas.

CANTO A LA LUNA

¿Qué dirán las estrellas cuando se queden sin Sol y sin Luna?
Su sentir, un vacío inmenso, sin compañía, cariño o ternura.
Arde mi alma, cautiva de tus recuerdos y tu candor,
pues la noche se torna fría sin tu risa, tu luz o tu amor.
Ese amor, amor que las estrellas reciben del Sol,
era lo que tú me dabas, lo que los luceros llamaron calor.
Injusto destino, injustos dioses, injusta vida,
soy niño, hombre sin su madre, aquel que no te olvida.
Pero ¿qué sería del Sol sin la Luna?
¿Qué sería de ti, si gozases de otra fortuna?
Pues desde aquí te grito, vida mía,
sabiendo que tú eras mi Luna y mi Sol, mi noche y mi día.
Y si fueron los dioses consentidores de tal injusticia,
dadles un mensaje, de aquel que a los culpables les robará
la sonrisa:
Si permitís que se apague el Sol y se pierda la Luna,
de extrañaros no ha de ser que sus vidas arrebate una a una.
Mas la muerte sería de mi parte un dulce regalo,
lento dolor os llegará de un ángel sin su halo.
A mi pesar, sus temerosos rostros iluminaré con fulgor,
seréis vosotros, la Luna y el Sol, quienes en mis ojos reflejaréis
vuestro esplendor.
Ese será mi consuelo, dulce despedida, dulce vuelo.

Agarradme en mi caída hacia un eterno sueño,
que yo con vida y vosotras sin ella,
es peor castigo que un cielo sin estrellas.

AMOR BÍFIDO

Ojos marinos, corales enteros,
cielos cetrinos que visten tu pelo.
Dunas por piel, sin conocer dueño,
tus labios, la miel. Tocarte, mi sueño.
Sierpe sedosa, intrusa conocida,
falsa modosa, manzana prohibida.
Años y lustros estuviste escondida,
silente, aguardando por mi mordida.
Mas muerda o no muerda, lo veas o no,
se tensa la cuerda que a ti me ató.
La fortuna, su ofensa en mi desató,
rompiose la cuerda, caída veloz.
Cara conocida, en todas te veo,
tu lejanía ¿castigo o trofeo?
¿Qué fue de tu voz? Se perdió un deseo;
traición y mentiras pintan el lienzo.
Veneno espiras, por fin lo comprendo,
pecado, el mal. Tu final mi comienzo.

SINESTESIA COMPARTIDA

En los susurros del viento te oigo,
en las olas del mar tu reflejo veo.
En la quietud de la noche te siento,
la naturaleza hizo de ti un deseo.
Tu amor, la más alta de las montañas,
es dulce subida y bajar no quiero.
Pues aquel al que a un manjar se acostumbró,
de este y su ser se siente prisionero.
Aborrezco mi fortuna si esta no eres tú,
pues tú y yo de ser, por ella seremos.
Yo amor sin ti no concibo, suerte o no,
muerto o vivo, dime, ¿qué pretendemos?
Si sabes que junto a ti acabaré,
oliendo versos y escribiendo flores,
ambos inmersos en este viaje,
recitándote a ti, poesía y colores.

A TI

Amarte, sin ti o contigo,
sean caricias o recuerdos,
jamás dejarán vacío.
Pues estos son los momentos
que cuando estés o no estés
guardará el corazón mío.

PRESAGIO DE UN NAUFRAGIO

Denodados besos sin corresponder,
en pro de avivar la llama que no fue.
Si erial fue el terreno de nuestro ser,
cuando por no remar nos dejamos caer.
Rayos vespertinos, silente es el viento,
fuiste tú el heraldo de un yermo vivir.
No fueron tus ojos razón de morir,
mas sí que lo fueron de mi tormento.
Por fin en mi puerto atraca la calma,
la anudo con fuerza evitando un naufragio,
mas solo yo sé de este presagio,
no es calma, es dolor lo que viste mi alma.
Bien es sabido el efecto del tiempo,
sastre o costurero del corazón.
Si tan solo el amor fue la razón,
cose la cicatriz que llevo yo dentro.

LA LUZ DE MIS DÍAS

En tus brazos, madre, hallo mi consuelo,
tu amor me envuelve como brisa suave,
eres el sol que mi sendero abre,
y en tu mirada encuentro mi anhelo.

Tu voz es canto que calma mi pena,
tu risa, aurora que al día despierta,
en tus abrazos la paz siempre acierta,
y en tu ternura, mi alma serena.

Eres refugio en tormenta y viento,
tus manos, guía que siempre ilumina,
madre, en tu esencia mi ser se afina.

Eres el faro que alumbra el momento,
tu amor eterno, mi dicha divina,
en ti, mi vida encuentra su aliento.

TE EXTRAÑO

Cuentan que por días nos agotamos,
amores dispares no correspondidos,
pues en el compromiso naufragamos,
de senda común a caminos partidos,
siendo este el día en el que hoy estamos
extrañando los sueños construidos.
Sé que tú me piensas y yo te pienso,
si ya tu ausencia me dejó indefenso.

SONETO n.º XIV

En el jardín de estrellas de tus ojos,
navega mi alma en mares de dulzura,
y en cada flor de amor, con su ternura,
renace el sol en pétalos de antojos.

Tus labios son la miel que en mil sonrojos
despiertan mi pasión y mi locura,
y en cada beso encuentro la hermosura
de un paraíso escrito en tonos rojos.

Tu voz es melodía de ternura,
que envuelve mi existir en un abrazo,
y en su susurro hallo mi ventura.

Amarte es un milagro sin ocaso,
un sueño eterno en ríos de dulzura,
donde el amor se escribe paso a paso.

ECOS DE UN AMOR PERDIDO

En la penumbra, el eco de tu risa,
fantasmas de recuerdos en la bruma,
se deshojan los sueños sin prisa.

La luna susurra su fría premisa,
donde el amor se torna en espumas.
En la penumbra, el eco de tu risa.

Las sombras tejieron nuestra divisa,
enredadas en hilos de bruma,
se deshojan los sueños sin prisa.

Tu mirada, un faro en la cornisa,
ahora es reflejo de una luna.
En la penumbra, el eco de tu risa.

Los besos marchitos, flor que agoniza,
caen como hojas en la laguna,
se deshojan los sueños sin prisa.

Nuestro amor, un susurro que avisa,
es el viento que arrastra la duna.
En la penumbra, el eco de tu risa,
se deshojan los sueños sin prisa.

FUERON DOS SUEÑOS

Fueron dos sueños de muerte invadidos,
silente el primero, fue uno aciago,
caer en tu olvido mientras me apago,
y el otro fue amor no correspondido.

Jueces, tus ojos, color distinguido,
acusado mi amor de un impago,
oro no tengo, mi pago, un halago,
mas condenado me caigo vencido.

Tras los sueños que de ti vi nacer,
quise abrazar la fría soledad,
si jamás habrá quién para vencer,

cuando conmigo no hubo piedad,
y contigo no pude envejecer,
ladrona, captora de felicidad.

VERSO LIBRE Y PROSA POÉTICA

DESAMOR Y LOS SENTIDOS

Si son tus labios los que han de hallarme, que me busquen. Que me busquen entre cientos de formas, olores y personas. Que sean ellos, y no tú, los que se den cuenta de que no encajan con el relieve de ningunos otros, y que su necesidad solo será satisfecha no cuando busquen perdidamente, sino cuando me encuentren en medio de la inmensidad del mar.

Y si son tus ojos los que te castigan, condenándote a ver la silueta de aquellos a quienes no amas, fue porque conocíamos tan bien la geografía de nuestros cuerpos y la textura de nuestras pieles que son los propios ojos los que nos traicionan, buscando aquello que nunca conocimos.

Pero si aun tus labios y ojos no se dan cuenta de aquello que desapareció, será tu olfato el que te recuerde que las telas que cubren tu cuerpo ya no llevan mi olor. Y tampoco los atardeceres, aquellos que solo eran bellos porque estaban impregnados de nuestro perfume. Pero has de ser tú ahora quien le diga al Sol que sus últimos rayos, aquellos que bañan la tierra, ya no llevarán nuestra fragancia de amor.

Aun con el Sol en contra, sé que serías capaz de olvidarte, o de dejar pasar todo aquello que nos hizo nosotros. Es por eso por lo que cuando el Sol te dé la espalda y una espesa oscuridad cubra todo, solo te quedara el oído para llegar a mí de nuevo. Sin embargo, la áspera melodía que pudo producir mi voz no bastó para que me encontrases estando enfrente, al igual que ni las promesas ni el tiempo nos prometieron un para siempre.

Pero si Dios es vengativo contigo y te priva de todos estos sentidos, lo último que te quedará será el gusto. De entre todos los sabores que nos regala la vida, ¿podrías diferenciar el mío, el nuestro, de entre todo aquello que nos distrae? ¿Encontrarías un sabor incierto? ¿Encontrarías aquel sabor, el más dulce de todos, que se fue opacando por un amargor que el tiempo nos hizo sufrir?

Y a pesar de todo, sé que yo, privado de todos y cada uno de mis sentidos, sería capaz de sentirte. Sería capaz de oler tu perfume en un día de lluvia estival, cuando lo único que podemos oler es esa humedad agridulce. Sería capaz de sentir tu mano posada en mi cuerpo, aunque mi piel estuviera completamente cubierta por manos ajenas. Sería capaz de saborear hasta el último matiz de un beso fugaz. Sería capaz de verte incluso ciego, porque no todos necesitamos los ojos para ver, sino el corazón. El único sentido que me traiciona es el oído. Es de él de quien no me puedo fiar, porque me hace oírte en el bullicio de la ciudad, en el silencio del campo, y en la quietud de mi cabeza.

Puedes tener todos tus sentidos y estar vacío, al igual que te pueden privar de todos y sentir. Sentir tan fuerte que duele.

¿Y TÚ?

Y tú, ¿sigues yendo a visitar los sitios por los que paseábamos de la mano?

¿Sigues, como yo, pensando en los pequeños descosidos de nuestras promesas que se convirtieron en trapos rotos?

¿Te traicionan acaso tus ojos, dibujando mis rasgos en los de él?

¿O acaso piensas quizá que el eco del cantar de los pájaros son nuestras voces en una tarde otoñal?

¿Te duele que compartamos la única herida que no cicatrizará? Es aquella que no vemos, pero es la única que podemos sentir.

O, ¿soy yo acaso ingenuo por buscarte? Porque ambos sabemos que no te encontraré en ninguna parte, ni siquiera en ti misma.

¿Por qué me duelen las manos, si nadie las toca? ¿Es la falta de ti lo que me causa el dolor?

Y si este mar de preguntas no te deja dormir, no te pierdas a ti misma, porque ya nos perdimos nosotros.

NUESTRAS FLORES

Amor, ¿por qué elegiste la indiferencia para enseñarme a vivir? Porque fue ayer, entrada la primavera, cuando lo pude entender. Un manto de flores blanquecinas y rosadas cubría mi cuerpo al yacer bajo un almendro, y fue allí donde lo vi.

Unos niños que jugaban despistados y risueños decidieron coger un pequeño ramillete de flores con las que jugar, arrebatándole un poco de belleza al paisaje. «Todo estará bien», pensé. «Hay muchas más. Seguiré apreciando su olor».

El reloj, al compás del gorjeo de los pájaros, continuaba corriendo y la gente seguía pasando, arrebatándole el color a la primavera.

Poco a poco, el gran manto blanquecino que me cubría comenzó a desaparecer, y aquellas flores, aquellas que impedían que los rayos del sol me cegasen, acabaron por desvanecerse.

Las ramas fueron quedándose desnudas, sin vida y sin belleza. Apenas podían subsistir el paso de los días con tan quebradiza apariencia. «La primavera llorará la ineptitud humana», me dije a mí mismo.

¿Qué iba a ser de la primavera sin sus flores? ¿Qué sería de ella, sin aquellas fragancias que nos arropan, al caminar por un prado verde?

Lo entendí. Ahí entendí qué nos pasó.

Nos alejamos de nosotros y dejamos que el resto del mundo fuera cogiéndonos flores, arrancándonos nuestro amor y nuestra belleza.

¿Qué podría pasar, si teníamos amor como para vestir un bosque entero de flores?

Quizá debimos protegerlas a ellas para protegernos a nosotros. Proteger nuestras flores y su olor. Nuestras flores y su fruto, el amor.

Porque, ¿qué nos queda ahora? ¿Quién me protegerá de los rayos del sol, estando bajo ramas desnudas?

¿Quién me recordará el olor del amor, si aquellos que pasaron se llevaron nuestras flores?

Esta primavera nos rompió.

Llegará el calor del verano y buscaremos otro árbol en el que cobijarnos del sol.

Después, el otoño nos recordará que esos mismos árboles donde nos cobijamos perderán también sus hojas y todo se tornará marrón, porque si unas bellas flores no bastaron para guardar nuestro amor, jamás bastarán unas simples hojas.

Y cuando estemos desprotegidos y solos, el invierno nos golpeará con su frío.

Será ahí cuando esperaremos ansiosos por la primavera, por la misma primavera que se fue. Esperaremos ansiosos por volver a cobijarnos bajo las ramas de aquel mismo almendro, el nuestro, porque por mucha sombra que busquemos solo aquella perfumada por nuestras flores será nuestro hogar.

Entonces la vida, amor mío, nos dará una segunda primavera, una segunda oportunidad de cuidar nuestras flores para poder ver su fruto antes de que llegue la sequía estival.

Porque una primavera sin flores no será, así como tampoco será una vida sin amor.

EL ARTE SERÁ SI ERES

¿Cómo he de convencer a mis oídos de que no todas las notas suenan a ti? ¿Cómo? Si ya la música dejó de ser. Dejó de ser para darte paso a ti, para darle paso a la belleza con la que solo tú puedes producir la melodía que mi cabeza escucha.

Porque la música, el motor del arte, jamás volverá a ser si no eres tú. El arte llorará tu ausencia porque perderá su identidad. Perderá aquello que le dio su nombre, lo único que todo el mundo supo apreciar como bello.

Pero es el arte, la música y la belleza quienes te lloran y te envidian por igual. Porque sí, tú llevas dentro el arte, la música y la belleza. Pero ¿quién se pararía a admirar todo aquello, cuando podrían reparar en tus ojos directamente? Podrían perderse en ese mar color canela, que en él lleva implícito la razón del vivir, y olvidarse de todo lo demás.

De igual manera, tú solo serás cuando sea el arte, porque no hay forma de imaginar que exista el arte y no tú. Aun así, si todos dejásemos de existir, excepto tú, excepto el arte, ¿quién podría apreciar la belleza por la que vale la pena vivir? ¿Dejaría de existir el arte al dejar de existir quien lo apreciase? Es difícil imaginarlo, ya que sé que tú, aun sin mí para apreciarte, seguirías siendo arte en todas tus facetas.

EL CANTAR DEL ÁLAMO

El viento nos arañaba la piel. Sus embestidas hacían que mi pelo aletease molestamente por mi rostro, impidiendo que te viese con claridad. De pronto te paraste en medio de un mar de verde pasto. Te quedaste en silencio, pues no podría ser de otra manera. No podías hablar. Nunca pudiste, pero era en ese silencio donde nos entendíamos. Donde sabíamos que aquel era nuestro lugar seguro.

Con tu mirada me señalaste una sombra en medio del campo. Una pequeña charca de oscuridad producida por la sombra de un álamo llamó nuestra atención. Allí nos sentamos, bajo el bailar de sus ramas y el cantar de sus hojas. Entre ellas se colaban unos pocos rayos de sol que punzantemente acariciaban mi piel.

Tú seguías sin decir nada.

La voz que nunca tuviste fue reemplazada por la melodía de un viento que nos pedía una cosa:

Nos pedía que nos quedásemos ahí.

Nos pedía que nos quedásemos hasta que ese pequeño charco de oscuridad se fundiese con la totalidad de la noche.

Nos pedía que guardaras silencio para que yo pudiera escuchar tu alma.

Nos pedía que siguieras a mi lado.

TU NOMBRE

Tu voz porta el frío del invierno y la lejanía de la Luna, pues no podía ser de otra manera cuando tuyo es su nombre. Sin compañía y rodeada de oscuridad, solo te dejabas ver cuando te buscaba al contemplar la bóveda celeste.

Sin embargo, es ese brillo propio, ese brillo lunar que se refleja en nuestros ojos, el que me hace apreciarte. Pero mi tristeza está apagando a la Luna. Está apagándote. Vuestro brillo dejará de ser y acabará por desvanecerse tenuemente en la inexorable oscuridad.

Ese único lucero en la lobreguez de mis días terminará por extinguirse, porque la Luna siempre necesitó la luz del Sol para brillar.

NO ME (TE) CULPES

No culpes a mis pensamientos si se pierden en el laberinto de tu mirada, pues si tus ojos son dos abismos infinitos que me invitan a caer, ¿por qué has tejido esta trampa de encantos que me atrapa sin piedad? Eres aquel brillo que disuelve las sombras de mi mente, un susurro que atraviesa la niebla de mis dudas, un faro que guía mis pasos inseguros hacia la certeza de tu existencia.

No culpes a mis sueños por seguirte como un río que busca su cauce, ni a mi voz por susurrar tu nombre en cada instante de soledad. Si mis palabras se vuelven versos y mis suspiros poesía, es porque en ti encuentro el reflejo de todo lo que el mundo me niega, de todo lo que nunca podré alcanzar. Eres el horizonte que se despliega ante mis ojos cansados, una promesa de infinito en un mundo de límites y fronteras. El fruto de inmortalidad que todo mortal desea.

No culpes a mis lágrimas por brotar en tu ausencia, ni a mi respiración por entrecortarse con tus despedidas, si con cada hora que no te tengo a mi lado, mi alma se empequeñece un poco más. Siempre fuiste lo único capaz de dañar a una persona con su lejanía, sabiendo que no hay mayor castigo que no tener cerca aquello por lo que vivimos.

No culpes a mis párpados en aquellas noches que no se cierran pensándote, si sabes que las noches son para mí una eterna caída en la oscuridad, un mar negro que me devuelve a la vigilia.

No me culpes tampoco, mi vida, si en esa caída desenfrenada me empiezo a encontrar a mí mismo, desamparado por tu amor y empezando a comprender que quizá mi propósito no era ir de tu mano, o, al menos, no lo era hasta el final de nuestros días.

No culpes al tiempo si ahora son estos días los que se hacen más largos. No lo culpes, sabiendo que es el tiempo aquello que no valoramos teniéndolo y ahora lo extrañamos una vez perdido. Si ahora tus segundos se hacen horas y tu reloj se ralentiza, no es más que la consecuencia de la fugacidad con la que vivimos todo aquel tiempo que nos condenaron a compartir.

No culpes a mis manos si ahora buscan el calor de otras manos en medio del invierno en el que nos encontramos. Por favor, no las culpes, si sabes que las apariencias engañan y en realidad mis manos eran más frágiles que las tuyas.

Eres todo aquello que un día quise tocar, y siendo tú quien mejor lo sabe, mi piel no necesita de más estímulo que la tuya, pero los dos sabemos lo iluso de esa idea. No nos queda más que refugiarnos en otras pieles, sostener otras manos y sentir el calor de alguien que nunca será parte de un nosotros.

No culpes a mis ojos, si ahora todo lo que desean en otros ojos es la complicidad de todo aquello que un día fue nuestro. Eran los tuyos un mar cetrino, a voces me prometían un para siempre dentro de nuestra vida finita. ¿Cómo decirles que no? ¿Cómo negar la divinidad de lo eterno en nuestras efímeras vidas? ¿Cómo? Si son aquellos ojos los únicos que vieron la desnudez de mi alma en su momento de mayor zozobra. Pero has de saber que tus ojos ya no corresponderán a los míos, mas las miradas portan vida y son eternas, por lo que todas y cada una de las veces que se produjo una de ellas entre nosotros, guardaron algo de aquella inmortalidad que no conseguimos, tratando de cumplir aquella promesa que tus ojos me hicieron.

No culpes a mi olfato si con cada soplo de viento mis sentidos y mi ser se refugian en el más mínimo matiz de tu perfume, porque es allí donde una vez creamos un hogar, y era tu olor el que inundaba todo aquello que yo llegué a apreciar.

No te culpes ahora, si nuestro amor fue evanescente por tu falta de mimo, o si en cambio lo fue por una consecución de desgracias que el destino nos tenía preparadas. Siempre supiste que el verdor de nuestras hojas y el dulzor de nuestros frutos perecería en el fragor de todo lo que yo batallé por tenerte a mi lado, pero aun habiéndolo yo sabido, aun habiendo sido inevitable, lucharía en esta y en mil vidas más por salvar aquello que el destino me marcó como imposible.

No te culpes si no pudimos ser un «para siempre».

ATENTAMENTE

Aún pienso en tus ojos.

MI CARTA

Muchas veces me paro a pensar lo injusto que es el paso del tiempo. Las horas, los días, los meses y los años son aquellos de quienes somos rehenes, pues son ellos de quienes estamos presos, atados de pies y manos sin poder romper la barrera que es el tiempo. Y esto es curioso, ya que siendo lo más injusto también es nuestro mayor tesoro, porque es el único elemento puramente agridulce de nuestras vidas. Sentimos el dulzor de su paso, su percepción, los recuerdos, caricias y personas que nos va regalando. Mientras guardamos todo aquello que nos enamora de la vida dentro de nosotros, una agrura nos recuerda que es una línea de tan solo ida. Jamás podremos recorrer de nuevo aquel viaje que el tiempo nos impone, pero, aun así, sabemos que es por él por el que merece la pena vivir.

Y esta agrura del tiempo se acentúa más en el amor, el pilar de todo aquel enamorado de vivir. ¿Cuántas personas han vivido antes que nosotros? ¿Cuántas almas gemelas, romances y experiencias hemos perdido por estar sujetos al tiempo? Esa es la mayor y única injusticia del tiempo, no poder disfrutar de todos los amores que pudieron existir para ti en el pasado, o que, sin saberlo, existirán en un futuro.

Por eso me siento castigado por el tiempo, algo que no conozco y sin conocerlo me ata, pero me siento infinitamente bendecido por una suerte que, sin conocer tampoco, encuentro única.

Y esta fuiste tú.

De todas las almas perdidas que han pasado por este mundo, sé con certeza que la tuya era la que me esperaba, sin importarle cuánto tardase en llegar para encontrarse con la mía.

De todos los rostros del mundo, es el tuyo el que, sin haber visto nunca, habría podido esbozar en un lienzo con los ojos cerrados infinitas veces.

De todos los olores que nos regala la vida, es tu perfume el único que para mí significa hogar.

De todos los cuerpos; esbeltos, menudos, gordos, delgados; es el tuyo el único que encaja perfectamente con mis manos, ya que tengo la absoluta confianza de que fueron hechas para apreciarte únicamente a ti.

Y tus ojos, qué decir de tus ojos, que son ellos los únicos que han visto mi alma desnuda, entre tantas miradas que nos acosan, puesto que no son los ojos los que ven, sino las personas las que dejan verse.

Si mi suerte es mi certeza mi certeza eres tú. Eres tú quien tiene la llave de mis recuerdos, la capacidad de crearlos, vivirlos y marcarlos a fuego en mí. Es la tuya, de entre todas las mentes, la única capaz de comprender a un enamorado de la vida que ha encontrado su vida en ti.

Y es esta vida, a la que no paramos de buscarle un sentido, la que nos aplasta y nos levanta por igual. Ese sentido, el más importante de todos, el de la vida, es el que ha traído a las mentes más brillantes los mayores quebraderos de cabeza, ya que no encontrarle un sentido a la vida, siendo esta lo único que tenemos, es el mayor de los castigos.

Pero en mi caso fue diferente. Siempre me pregunté por el sentido de esta, pero siendo ella misma la que me mostró el camino me hizo que no buscara más. Ese sentido eres tú, aunque quizá decir que tú lo seas es algo impreciso.

El sentido de mi vida, más que tú, son tus caricias, tus besos, tu comprensión, tu fuerza, tu forma de levantarme cuando caigo y hasta el aire que respiras, ya que todo lo que contenga una ligera brizna tuya construirá el sentido de mi vida, porque él, mi sentido, es el amor. Y para mí, el amor eres tú.

Y es este un amor inalterable, eterno y sincero, así como yo lo concibo, pues no contemplo como tal nada que no sea así. Esa es mi suerte, disfrutar del amor como un romántico la concibe, y no un sucedáneo de este.

Por eso es por lo que la vida, agridulce por naturaleza, nos regala la única cosa que todos tenemos segura, que es el morir. Siendo tal el amargo recordatorio de que debemos exprimir todo el dulzor que el tiempo nos ofrezca, ya que, si todos vamos a morir, qué mejor que de la mano de aquella persona que, de todas entre tantas, estaba esperando estrechar la nuestra con la pasión de un enamorado.

TU ÚLTIMO RECUERDO

Aquel día pasó. Ya pasó hace tiempo, pero es el único de mi colección de recuerdos que mi mente me obliga a seguir viviendo a diario. Siempre lo vivo de la misma manera, pues es un castigo ver cómo algo se destruye una y otra vez sin que puedas hacer nada.

Te bastaron un par de palabras para destruir todo lo que mi entonces maltrecho corazón consideraba un hogar. Detrás de aquella lluvia de flechas que tu boca no paraba de disparar se hizo el silencio. La gente caminaba inmersa en sus pensamientos, y llegué a pensar que guardaban silencio por respeto a mi luto. Un par de desconocidos cruzaron conmigo una fugaz mirada con la que parecían intentar sacarme de aquel pozo en el que estaba cayendo sentado. Podían, aquellos desconocidos a los que no volvería a ver jamás, entender mi mirada.

Fue ahí cuando un sabor que recuerda a cuero viejo y al café recién molido invadió mi boca. Me hiciste desear de nuevo el sabor del tabaco recorriendo mis labios. Me hiciste desear un cigarrillo, de aquellos que te dan un respiro aun cuando tu reloj parece detenerse. Me hiciste desear todos los placeres que mi cuerpo odiaba. Y fue así como me obligaste a buscar un sustituto para el veneno que de ti emanaba y yo consumía como agua fresca.

Pero esa sensación pasó. Mis demonios se calmaron y mi deseo de anestésicos desapareció cuando volví a escuchar tu voz. Esperabas una respuesta.

Seguías a mi lado, pero aquella sería la última vez, como aquel marinero que se despide antes de zarpar sabiendo que quizá no volverá. Yo tenía esperanza de que tu voz volviese, como aquel marinero. Tristemente esa esperanza se desvaneció poco después de que decidiera contestarle a tu voz.

Fue ahí cuando, vacío por dentro, cayendo, perdido en mis pensamientos y ausente, te confesé mi amor. Por fortuna no contestaste. No pudiste, pero fue tu muerta mirada la que me confirmó que estabas perdida en mis palabras. No entendías la dimensión de un sentimiento por el que alguien daría su vida. No entendías que la alegría se encuentra en el tropezarse o en el bullicio de la ciudad, ni que el fervor de este sentimiento es lo que pone en movimiento los engranajes de la vida. Como dice el proverbio chino, te estaba señalando la luna y tú estabas mirando mi dedo.

Ese día pasó, al igual que yo sigo pasando por ahí cada día. Tú, ausente, me vuelves a pedir que me siente, y yo, sin ser dueño de mis piernas, hago lo que tu muda voz me pide. Me siento, sin ti, a escuchar el eco de unas palabras sordas que mi memoria pone en tu fría boca. Me siento, sin ti, con la esperanza de volver a cruzar la mirada con un desconocido que pueda entender mi dolor. Me siento, sin ti, a escuchar de nuevo cómo la ciudad calla en ausencia de nosotros. Me siento, sin ti, reviviendo el cosquilleo en mi interior que grita pidiendo una calada de un humo que me anestesie. Me siento, sin ti.

PEREGRINOS DE LO INTANGIBLE

En la ciudad donde los relojes laten con la precisión de un corazón sin amor, caminábamos juntos, tus pasos y los míos dibujando sombras entre las baldosas. Las calles eran un laberinto de espejos rotos, cada fragmento reflejando un pedazo de cielo y una chispa de nostalgia.

Te hablaba de sueños imposibles, de aquellos que se quedan atrapados en la telaraña del insomnio, mientras tú me mirabas con esos ojos que parecían contener todos los misterios del universo. Era como si el tiempo se deslizara entre nuestros dedos, dejando a su paso un rastro de momentos incompletos y silencios cómplices.

El viento jugaba con tu cabello, enredándolo con la sutileza de una caricia no dada. Hablábamos de la eternidad como quien discute sobre el último libro leído, con una mezcla de curiosidad y escepticismo, sabiendo que lo único eterno era el instante compartido, ese pequeño fragmento de realidad suspendido en la bruma del ahora.

Cada palabra era un puente hacia lo desconocido, un salto al vacío que nos acercaba y nos alejaba simultáneamente. Nos reíamos de nuestras propias contradicciones, de las noches sin estrellas y los días sin sol, como si en esa risa encontráramos la verdad oculta de nuestras vidas.

Y entonces, en medio de la vorágine de pensamientos y susurros, entendí que éramos dos náufragos en el océano de la existencia, buscando una isla donde reposar nuestras dudas. Pero esa isla no existía, y quizás nunca lo haría, porque estábamos destinados a ser peregrinos eternos, caminantes de lo intangible.

La ciudad seguía latiendo a nuestro alrededor, indiferente a nuestras pequeñas tragedias y triunfos efímeros. Pero en ese instante, en esa breve eternidad que compartimos, supe que habíamos tocado algo que trascendía lo mundano, algo que nos conectaba con la esencia misma del ser.

Y así, entre las sombras y los reflejos, comprendí que el verdadero viaje no estaba en el destino, sino en el camino recorrido, en las palabras dichas y las miradas compartidas, en ese hilo invisible que nos unía más allá del tiempo y el espacio.

LO QUE MI CORAZÓN QUIERE SABER

¿Sabrías, después de todas las veces que has hablado con mi corazón, contestarle a unas preguntas? Porque es él, y no yo, quien se pasa en vela las noches, latiendo al compás de una melodía aciaga, esperando una respuesta.

Intento acallar todo lo que de él nace, pero tanto tú como yo siempre supimos que es él quien lleva el timón, siendo él y no yo el que ahora se dirige a ti:

—¿Qué fue de todas aquellas fotos que revelamos, donde inmortales yacen nuestros rostros? ¿Las cubre la gruesa capa de polvo que produce el olvido? ¿O acaso se convirtieron en ceniza, presas del fuego de la ira?

—De todos los lugares que existen, de todos aquellos que visitamos, ¿dónde se esconden todos los besos que no te di? ¿Se esconderán acaso, en aquellos lugares en los que despreocupados nos soltamos de la mano? ¿O será quizá en aquellos otros donde nos hicimos tantas promesas que hoy no podemos cumplir? Y si por casualidad encuentras alguno de esos besos que no fueron, ¿querrían tus labios bailar de nuevo con los míos?

—Quiero saber también algo que quizá tú no puedas responder, pero ¿recordarán aún las calles de París nuestro amor con envida? O, por el contrario, ¿habrán hecho como tú, y se habrán olvidado de a qué sonaban nuestros «te quiero»?

—Aquellas aguas que alguna vez bañaron nuestros cuerpos, los mares que nos arroparon y los ríos que nos llevaron, ¿guardarán acaso algo de nosotros? ¿Conservarán siquiera un mínimo matiz del sabor de todo lo que algún día fuimos? Dímelo. Dime si es así, porque yo no encuentro nada que conserve algo de lo que un día fue de dos.

—¿Cuál, de todos los poemas que mi dedo escribió con caricias en tu espalda, fue aquel que no te convenció para quedarte? ¿No eran palabras lo suficientemente bellas para una persona cuya belleza no alcancé a comprender? ¿O fue acaso mi dedo demasiado sutil como para que te dieses cuenta de que te estaba confesando mi amor con unos trazos imposibles?

—Jamás podré saberlo, pero tengo la certeza. Dime, ¿por qué ya ninguna de las risas que escapan bailando de tu boca llevan mi nombre? ¿Por qué has decidido disfrazar a tu felicidad de algo que no soy yo? ¿Por qué, si sabes que las sonrisas solo te las esbozaba yo, no vuelves para reír?

—Dime ya, por último, si en este eterno baile de cristales rotos y canciones del pasado, buscarían tus manos las mías, para concederme el último baile. ¿Buscaría tu cuerpo al mío a través de un manto de oscuridad? O, todo lo contrario, ¿se conformaría tu cintura con unas manos que no son las mías, y tu cuello con uno que no es mi respirar?

OSCURA DAMA

La muerte, esa dama de sombrero ladeado y mirada esquiva, ronda los rincones de nuestra existencia con una elegancia silenciosa. No es el final abrupto que muchos temen, sino un suave desvanecerse, como la última nota de un violín en una sala vacía. La sentimos en el aire denso de las noches sin luna, en el susurro del viento que acaricia las hojas secas, recordándonos que todo es efímero, que somos apenas un parpadeo en la vastedad del tiempo.

Camina descalza sobre el mosaico de nuestros días, sus pasos apenas audibles, dejando un rastro de ceniza dorada que reluce bajo la luz oblicua del atardecer. No hay prisa en su andar, pues sabe que el reloj no es su enemigo, sino su más fiel aliado. A veces, se sienta en un banco del parque, observando con curiosidad infantil cómo los niños juegan, cómo los amantes se besan y cómo los ancianos recuerdan. Ella no interrumpe, solo observa, pues su presencia es un recordatorio de que la vida, con todos sus matices, es un frágil préstamo.

La muerte tiene el sabor de la sal en los labios tras el llanto, la textura de un libro viejo cuyas páginas amarillentas crujen al pasar. Habita en las palabras no dichas, en los sueños no alcanzados, en los caminos que no tomamos. Pero también es la liberación del peso de los años, la disolución de las angustias, el abrazo final que nos reconcilia con lo que fuimos y lo que no pudimos ser.

En la hora más oscura, cuando las sombras se alargan y el silencio se vuelve casi tangible, ella se revela como la artesana del destino, tejiendo con hilos invisibles la trama de nuestro adiós. No es una enemiga, sino una compañera de viaje, una presencia que nos toma de la mano cuando todo lo demás se ha desvanecido. Y así, con su toque etéreo, nos guía hacia lo desconocido, donde la memoria se funde con el infinito y el ser se disuelve en la eternidad.

La muerte, en su esencia más pura, es el puente que une lo que somos con lo que seremos, el eco distante de una canción antigua que nunca termina. Y aunque su misterio nos envuelva en un velo de incertidumbre, en su abrazo encontramos la promesa de un descanso eterno, el fin sereno de una historia escrita con la tinta indeleble de nuestros días.

CÓMO MIS PENSAMIENTOS SE PIERDEN EN UNA NOSTALGIA QUE LLEVA TU NOMBRE

¿Recuerdas aquella tranquilidad, la tranquilidad que el mero hecho de tu proximidad le producía a mi mente? Porque es ahora mi ser el que se desdibuja en la búsqueda de una nueva calma. En la búsqueda de una frecuencia que haga resonar en paz a mi alma, al igual que la que tú me diste, manteniendo presos a mis demonios y dándole quietud a mi mente.

Y es ahora la melancolía la que me envuelve al recordar que antes mi hogar no estaba construido por ladrillos o vigas, sino que eran tus brazos y tu aliento aquellos lugares donde habitaba hasta la última pizca de mi ser, recorriendo cada rincón que tu cuerpo le concedía al mío.

Tristemente, no solo echo de menos el hogar que me dabas. Extraño también la forma en la que le regalábamos tiempo al tiempo, como si fuéramos ricos en vida, al gastar horas discutiendo por el restaurante al que iríamos, cuando los dos sabíamos perfectamente que te costaba decidir y a mí me daba igual dónde ir, ya que sabías que mi único deseo era tu compañía.

Son ahora mis días los que se llenan de suspiros por sentir de nuevo tu rostro de porcelana, frágil, llorando en mi pecho, mientras tú esperas que sea él, y no yo, el que te escuche y te responda con unos latidos que te pedirían a gritos que te quedases.

Echo de menos cómo ese mismo latir que te consolaba es ahora el que me recuerda la forma en la que conseguiste hacer a mi alma permeable, provocando que absorbiera cada día un poco más de esa esencia tan tuya que a mí tanto me encantaba. Era un veneno dulce, insalubre, pero que mi ser disfrutaba como ninguna otra cosa.

Siento así el peso del vacío que me ha dejado la ausencia de tus manos, herramientas del corazón, las que heladas buscaban tímidamente el calor de las mías. Así como tú. Así como todo tu cuerpo, témpano de Asmodeo, estaba imantado al mío, acercándose silente en las noches de frío en busca de un refugio calorífico en el que poder resguardarse.

Pero es mi espíritu, y no mi cuerpo, el que suspira recordando tus labios, aquellos versos sin palabras que susurran poesía muda. Porque era de ellos, puertas del deseo, de donde salían las razones de mi alegría y de mi pena. Y es ahora, que vivo en un cuerpo débil y enfermizo, cuando extraño la medicina que solo ellos podían darme, curando todos mis males.

Es aquí, en este cuerpo, donde me encuentro añorando el miedo. Añoro ese miedo que llegué a sentir al pensar que un día, mi cabeza, cuna de mis sueños y río de mi conciencia, se olvidaría de cómo sonaba tu voz. Se olvidaría también de la cadencia de tu contagiosa risa, o incluso de aquel mar que contenían tus ojos, aquellos que para ti eran azules y para mí, verdes. Echo en falta sentir ese miedo; ese miedo a la pérdida, porque se ha acabado por convertir en una realidad. Dime, ahora que ya acabó todo, ¿me recordarías, solo una vez más, a qué sonaba tu voz?

Me lo recuerdes o no, aún quedan muchas cosas que lentamente se van distanciando de nosotros sin remedio, como aquellos días en los que salíamos a devorar la carretera en busca de caminos que nos llevasen a paraísos desconocidos en los que perdernos. Lo echaré de menos. Así como la forma que tú tenías de prestarme tu vida y confiar a ciegas en unas manos que no eran las tuyas. Dejabas tu vida, todo lo que jamás experimentaste y experimentarás, en mis manos, por una simple razón. Sabías que era esta, y no la mía propia, aquella que le daba un sentido a mi ser, por lo que debía protegerla.

Aun habiéndola protegido con mi vida, lo que realmente dejó una cicatriz en mi alma no fue que dejases de pintar mi vida con la tuya, sino la falta de tus ojos. Fue la ausencia de nuestra mirada enamorada lo que me rompió, haciendo de mi corazón un mosaico craquelado en el que es imposible ordenar las teselas. Aquella mirada que, sin gestos ni palabras, era capaz de transmitir la información de una vida entera. Era ese entendimiento subconsciente, superior a cualquier lenguaje de amor, el que nos mantenía a salvo del resto.

Y yo, envuelto en las sábanas de mi cama, arropado como arropan los pétalos de una flor su pistilo, no podía hacer otra cosa que no fuera pensar en que ya no es tu olor el que me acaricia. Ese olor, mezcla de culturas que portabas en días alternos, con la cercana cremosidad de la vainilla y la frescura tropical del coco, se fundía en uno, calando tu piel y creando aquel aroma que hoy pone en marcha la máquina de mis recuerdos.

Finalmente, si bajo la luz de tu mirada no eres capaz de entender la dimensión de esta nostalgia, poco le queda por hacer a un poeta. Añoro todo aquello que escapaba de ti, pero no tengo la certeza de añorarte a ti, puesto que la sombra de nuestros días habita en cada rincón de mi ser.

LIENZOS DEL TIEMPO

De un punto de la nada nacemos, y como minúsculas motas de polvo navegamos este, un vasto mar de tiempo, en busca de un destino igual de desconocido que el punto de partida. Somos navegantes, cartógrafos de nuestras experiencias que buscan evangelizar el mundo que dejarán atrás con sus recuerdos y logros, una marca que ni el tiempo pueda borrar.

Transitamos perdidos, tratando de alcanzar aquello que creemos querer, pero no necesitamos, así como hambrientos mendigos en busca de un diamante, y no de comida. Caminamos confusos, tratando de dar pasos firmes en arenas movedizas, esperando poder encontrar el camino o la forma de salir de ellas.

Entretanto, este reloj de arena que marca el fin de nuestros días fluye. Fluye arrastrando consigo esos granos de arena que parecen interminables, pero que son finitos. Arrastra los recuerdos, las experiencias vividas, los besos no dados, las palabras que intercambiamos y los deseos de todo lo que quisimos ser. Todos esos posos de arena caduca que nos señalan el fin de algo yacen en el fondo de nuestro reloj, acumulándose impasiblemente con un peso que solo nuestras arrugas pueden soportar.

Y es ahora, cuando mis manos aún sostienen la frescura de la juventud, el momento en el que los relojes de las paredes se hacen grandes ante mí, recordándome que no soy más que otro pasajero del único viaje que todos compartimos. Son guardianes de tiempo movidos por unas agujas que nos roban vida y se aseguran de que el correr del tiempo no se detenga, acompañando a los segundos con un seco movimiento hacia el siguiente, en un viaje que para ellos no tiene fin.

Será con el paso de este cuando las agujas del reloj nos hieran constantemente, cicatrizándose nuestras heridas en arrugas, sabiendo que cada una de ellas tendrá una historia que contar. Seremos un lienzo con un relieve irregular provocado por el más dulce de los castigos, que es el vivir. Cada arruga, cada línea en nuestro rostro, es un trazo de la gran obra maestra que es nuestra vida, una sinfonía silenciosa que habla de amores, pérdidas, alegrías y penas. Los pliegues de nuestra piel esconderán aquellos recuerdos que eran demasiado importantes como para ser olvidados, y las cicatrices en nuestro cuerpo serán poemas de vida grabados para siempre en carne.

Este es el motivo por lo que nuestra única misión como lienzos del tiempo es dejar que pinten sobre nosotros. Nuestra única meta debería ser la riqueza en arrugas de sabiduría, recuerdos de felicidad y cicatrices de valentía. Porque, ¿qué clase de lienzo es aquel que le teme a lo único que puede darle color?

A VECES QUIERO QUERERTE

A veces quisiera llamar. A veces quisiera oír esos tonos muertos que solían ir seguidos de la melodía de tu voz, ya que eran el anuncio de la calma. Ahora me temo que no es calma, sino duros recuerdos lo que me traería escucharte. Pero quiero. Aun así, quiero.

Quiero que mis dudas se evaporen preguntándole un «¿por qué?» al vacío en el que espero encontrarte. Quiero tranquilizar las ganas que todos los rincones de mi mente tienen de saber cómo estás. Quiero que quieras. Quiero que salga de ti, y no necesitar preguntas vacías buscando todo el contenido que perdimos, y que seas tú la que me diga todo lo que necesito escuchar.

Y ahora, que ya te he confesado que solo pienso en buscarte, tienes que saber que no puedo. No puedo ir allí donde nunca estuve realmente, porque jamás encontraría lo que busco en ti por mí mismo. No puedo traicionarme de nuevo escuchando una voz que un día no quiso saber de mí. No puedo acallar más a mi corazón, pidiendo que te encuentre, pero estoy aprendiendo a ignorarlo.

Desearía que todos mis deseos no tuvieran que ver contigo, pero el amor, eso que me da y me quita vida, es caprichoso, así como lo fuimos nosotros.

EXTRANJERO EN MI PIEL

Hoy me he sentido un extranjero en mi propia piel. La melancolía que teñía mis días finalmente ha liberado su dominio sobre mi visión del mundo. Me siento como un soldado que regresa a un hogar desconocido, como quien entra en su salón y descubre que los rostros en las fotografías han sido reemplazados por extraños, susurrando en un silencio atronador que ahora solo es un eco del pasado.

Decidí entonces volver a los parajes donde la dicha alguna vez nos envolvió. Mi nueva acompañante, una soledad vestida de luto, intentaba imponerme sus inseguridades, rogándome que me quedara con ella en el colchón de siempre. Pero tomé su mano y la llevé por aquellos lugares que una vez compartí contigo.

Ella es una compañera mucho más desoladora que tú. No se maravilla ante los valles verdes que beben de las aguas cristalinas donde solíamos sumergirnos desnudos. No sabe convertir cuatro paredes en un hogar al que le bastan dos personas, pero he aceptado su compañía con resignación.

Me zambullí nuevamente en esas aguas heladas, esta vez sin un refugio cálido al que correr cuando el frío erizaba mi piel. Recorrí los senderos que tanto amábamos, observando cada árbol que un día te enseñé. Desplegué las sábanas de aquella cama que fue nuestro refugio contra el mundo. Repetí cada ritual que un día susurraba tu nombre.

Ahora, solo me queda aprender a vivir de nuevo.

SER LO QUE NO FUI

Hoy te escribo desde el lado del espejo donde los relojes se detienen y solo se refleja la cara oscura del querer, allí donde las palabras juegan a ser y no ser a la vez. Sé que quizá ya no tengas fuerzas para soportar a un enamorado de la vida que encontraba su felicidad en la tuya, o quizá te hayas cansado de los errores que cometí, del cómo te hice sentir o incluso de leer estas letras que quizá para ti no sean más que palabras vacías.

Quiero que sepas que, de entre todos los errores que cometí, amarte jamás fue uno de ellos, porque nunca podría ser un error aquella cosa por la que habría dado la vida. Y si mis «te quiero» fueron escasos, o estaban enmascarados de un «confío en ti» o de un «¿cómo te fue?», quiero que sepas que lo siento.

Te pido perdón, no por lo que hice, sino por todo lo que ya no podremos hacer juntos, por las mañanas que no amanecieron en tu sonrisa, por las partidas de cartas que no compartiremos en los días de lluvia. Perdóname por todas las veces que mi silencio no supo abrazarte y mis manos trémulas quedaron vacías de ti.

Recientemente descubrí que en toda vida hay un camino que se bifurca, allá donde las sombras y la luz eligen caminos separados, donde el eco de nuestras voces se queda suspendido, confuso, sin saber qué camino elegir, ya que la melodía que ellas compusieron entrelazándose jamás podrá ser separada. Es allí donde me siento y pienso en ti, en nosotros, en tu familia y en lo que fuimos, así como en lo que ahora no supimos ser. Me disculpo por las promesas no cumplidas, por esa mano no pedida, por la ausencia de unos futuros hijos con tus ojos y nuestros apellidos, por las cartas que se quedaron sin escribir, por las canciones que para ti compuse y jamás verán la luz, por los besos que se perdieron y por las discusiones que no serán.

Mejoraré todo aquello que sentiste no ser suficiente, no por si vuelves, pues ya dejé de creer en los imposibles, solamente por si alguien la mitad de buena que tú decide cruzarse en mi camino. Espero que, en algún lugar de tu memoria, encuentres un rincón donde aún podamos existir, aunque sea solo en el reflejo de lo que no fuimos.

LA HISTORIA DE MIS LABIOS

Nacieron mis labios, aquellos que ahora encierran tantos secretos, allí donde nadie pudo verlos. Crecieron poco a poco, con promesas no dichas y los besos que una madre espera de su hijo.

A ellos les fue imposible saber que tú no serías la primera que se cruzaría con ellos, ni que los míos tampoco serían aquellos con los que se iniciasen los tuyos, pero tanto tú como yo, al momento de dejar a nuestros labios conocerse, supimos que habían estado esperándose siempre.

Parecían conocerse perfectamente la primera vez que bailaron juntos, bajo un indiscreto halo de luz blanca en un portal. Sentí, así como ellos, que habían nacido únicamente para ser los compañeros de baile del otro.

Cada beso era un pacto entre los dos, un acto en el que sellábamos todos nuestros complejos con un simple gesto en el que buscábamos la calidez del otro.

Así, además de todos los pactos no hablados que mis labios hicieron con los tuyos, son únicamente los míos los que conocen qué ruta seguir por la constelación de lunares que pinta tu espalda para que se te erice la piel. Porque eran ellos

los que conocían cada marca de tu cuerpo, buscando formas en ti que solo ellos podían imaginar.

Ahora son los míos los que vagan solitariamente, extrañando a los tuyos, aquellos que hicieron de cada beso un poema, y miran con recelo a esos que ahora ocupan su puesto. Pero son ellos los que, sabiendo valorar el arte que contienen tus besos, te piden que no dejes de hacer arte, dándole a él todos los que no te di yo.

Pero fue el destino, aquel viejo caprichoso que conocíamos desde hace tanto, el que decidió separarte definitivamente de mí. Son mis labios, aquellos que vivían por ti, los que lloran el vacío que les ha provocado tu ausencia, así como el silencio que sigue al último acorde de piano en una obra maestra.

Entendieron por fin que ya no coincidirán más con los tuyos y que quizá ni siquiera vuelvan a pronunciar tu nombre, aquel que me llenaba de orgullo gritar.

TINTA

No soy un poeta. No soy más que otra víctima del amor refugiándome en la poesía, porque cuando siento no poder más, el papel, pidiéndome que sangre tinta al quererte, viene a salvarme.

UN REGALO DE ETERNIDAD

¿Por qué me prometiste todos aquellos imposibles, dándome alas para un vuelo que no podía emprender? Lo hiciste sabiendo que tu amor por mí era caduco, ilusionándome con la belleza de una espectral eternidad que no se dio. Decidiste castigarme arrebatándole a un simple humano lo único que porta una pizca de infinitud en su mísera existencia: el amor.

El amor es el único motivo por el que dejaríamos de vivir, sacrificando nuestra propia vida, sabiendo que en los planes del destino siempre estuvo salvaguardar la más grande cosa que se nos entregó: el amor.

Ese fue el momento en el que dejé de comprender la naturaleza humana. Se nos regala un fragmento de eternidad, un calor incombustible, una flor inmarcesible... En definitiva, se nos regala un pedazo de divinidad que no merecemos, con la única misión de cuidar aquello que le da sentido a una especie, dejando atrás el yo y levantando al nosotros.

Por eso lo comprendí. Comprendí no comprender nada de ti. ¿Qué persona, de entre todas las desdichadas que han podido existir, rechazaría tal ofrenda? Te condenaste a la peor de las vidas, castigándote a ti misma, viendo cómo tu tiempo se consume agónicamente sin tener la posibilidad de experimentar el verdadero amor. Te condenaste a ser mera fugacidad rechazando la eternidad con la que baña el amor a nuestra alma.

MI PRIMER VERANO SIN TI

El verano ha llegado como una ola perezosa, estirándose a lo largo de las costas de mis recuerdos. Las calles de la ciudad laten bajo un sol que parece más pesado este año, como si supiera que ya no estás para compartir su luz. Las tardes se alargan interminables, teñidas de un anaranjado nostálgico que se derrama sobre los edificios, sobre mi piel, sobre mi corazón que late con una lentitud nueva y desconocida.

Los parques están llenos de risas, de niños corriendo con globos y bicicletas que chirrían, pero todo eso se siente como una película muda proyectada en una pantalla distante. En cada rincón de esta ciudad huelo el eco de tu presencia, un perfume de tiempos pasados que se disuelve en el aire caliente. Cada esquina guarda el secreto de tus sonrisas, tus palabras flotan invisibles, como mariposas que no se atreven a posarse.

Me siento en nuestro banco, ese viejo banco de madera junto al lago, donde solíamos perdernos en conversaciones que ahora se han convertido en murmullos de hojas susurrantes. El agua refleja el cielo, y me pregunto si alguna vez fui tan reflejo tuyo como tú lo fuiste de mis sueños. Aquí, en el latido del verano, cada gota de sudor es una lágrima que no lloro, cada brisa es un suspiro que dejo escapar.

Las noches son un lienzo negro salpicado de estrellas, pero su brillo ya no tiene la misma magia sin tus ojos mirándolas conmigo. Caminaba por la playa al anochecer, dejando que las olas acariciaran mis pies como lo hacían tus dedos en mis manos. Ahora, esas mismas olas parecen arrastrar recuerdos hasta la orilla, depositándolos con suavidad en la arena, donde los recojo uno a uno, tesoros de una vida compartida que se ha vuelto añoranza.

El primer verano sin ti es un libro sin capítulos, un viaje sin destino. Es un espejo roto que me devuelve fragmentos de lo que fuimos, de lo que nunca más seremos. Y, sin embargo, en medio de esta ausencia que me envuelve como un manto de seda áspera, encuentro una extraña paz, una comprensión silenciosa de que la vida sigue adelante, aunque el ritmo sea distinto.

Este verano, las flores parecen más brillantes, los cielos más vastos, y aunque tú no estás aquí para verlo, siento que tu espíritu danza en la brisa, en el murmullo de las hojas, en el calor del sol que abraza mi piel. Te fuiste, pero de alguna manera permaneces en cada rayo de luz. Ahora, de ti, solo me queda imaginar tu silueta en la proyección de cualquier sombra.

NUESTROS SUPUESTOS

Es curiosa la manera que tenemos de hacer de los supuestos nuestros, cuidándolos y guardándolos como si fueran el único salvoconducto de nuestra felicidad, como aquel desgraciado que ha perdido todo, pero se niega a dejar de sonreír, pensando en que quizá el futuro le deparará algo por lo que valdrá la pena continuar.

Es en esos supuestos donde nos encuentro. Quizá ya no. Es en ellos donde nos encontraba, como aquel que ve las siluetas de la gente en el reflejo de un lago y recuerda cuánto añora a su familia. Son esos supuestos imaginarios, los laberintos en los que se perdían nuestros deseos, entrelazándose torpemente los del uno con los del otro. Éramos nosotros los que así, erosionándonos, provocamos la incompatibilidad entre nuestras formas que nos llevó al olvido.

De la misma forma que ahora no poseemos esos supuestos, jamás los poseímos. Era una ilusión tramposa la que nos hacía creer que nuestros juegos de palabras se materializarían en nuestros más profundos deseos. Acabó siendo siempre eso, una ilusión. Buscábamos agarrarnos a ella para mantener a flote una felicidad inexistente que vivía permanentemente alimentándose de un utópico futuro al que jamás llegaríamos de la mano. Le permitimos a esa ilusión mentirosa hacernos daño cuando nos dimos cuenta de que los supuestos, con nosotros, no funcionan.

Y si no es suficiente el vacío que ellos nos dejaron, arrancándonos la proyección de felicidad que teníamos, para que te des cuenta de lo desgraciados que hemos sido, déjame que te pregunte unas cosas.

¿Dónde están Darío y África, esos niños con pecas y ojos azules que llevarían un apellido de cada uno?

¿Dónde quedó la elegancia de ese gato egipcio que nos iba a acompañar?

¿Qué fue de ese pedazo de tierra, aquel en el que íbamos a vivir mientras seguíamos creando un futuro inexistente repleto de supuestos?

¿Qué será de nuestras pieles, las que en su momento fueron objeto de la promesa que dijo que debían acariciarse hasta que las arrugas nos cubriesen por completo?

Esos supuestos siempre existieron. Los creamos. Pero me he dado cuenta de que creamos algo inexistente, así como si la nada pudiese ser esculpida fielmente por unas torpes manos. Creamos la nada. Creamos la ilusión de algo que para nosotros fue real en un momento, pero que nos vimos obligados a abandonar al separarnos.

Es ahora en nuestra mente el único lugar donde esos supuestos pueden existir, allí donde todas las posibilidades se funden en una única posibilidad que contiene todo. Son nuestros pensamientos los que albergan a Darío jugando conmigo mientras tú enseñas a caminar a África. Es en ellos donde aún puede vivir la idea de estar juntos, en la que tú contestas las llamadas de mi madre mientras yo baño a los niños. Es ahí, solo ahí, donde nuestras pieles se mantendrán juntas hasta que el paso del tiempo las arrugue por completo y nos recuerde que fuimos víctimas no solo de nosotros, sino del tiempo.

UNA ELECCIÓN

Me encantaría poder decir que te elegí. Me encantaría poder decir que fui yo, y no la vida, quien decidió ponerte en mi camino. Es por esto por lo que me sorprende que la gente hable de cualquier tipo de elección cuando yo jamás pude elegirte, pero por simple imposibilidad.

Desde que te conocí se me impuso el amarte. Jamás tuve poder de elección sobre lo que mi cuerpo experimentaba al verte, sobre ese cosquilleo que ascendía desde el estómago hasta la garganta ahogándome, sobre ese entumecimiento que sentían mis piernas cuando te acercabas, sobre ese brillo en los ojos que solo tú me podías producir, y tampoco sobre las ganas que tenían mis manos de volver a tocarte, a pesar de saber muy bien cómo me dañabas.

Fue algo inesperado. No puedes ir en busca de una elegida que satisfaga tu sed de amor, cuando esta sed no se satisface cuando estás sediento, sino cuando menos amor crees que necesitas. Es irreal. Tan irreal fue eso como la forma que tuviste de aparecer en mi vida, descolocando hasta el último rincón de lo que yo creía que eran unos pensamientos ordenados. Caíste como un rayo sobre mí, y yo, víctima sin poder de elección, decidí electrocutarme hasta con la cosa más insignificante que desprendiese algo de ti.

No sé si debo considerarlo suerte o castigo, pero, aunque ahora decidiera elegirte, la distancia que nos separa nos diría que es un imposible. Aunque tú ya sabes que nunca necesitaste de mi elección, porque te bastabas tú sola para domar mis instintos.

Ahora, al igual que antes, tengo en mi mano decidir una sola cosa. No es si vivo enamorado de ti, pues ya sabes que eso me lo impuso la vida, pero lo que no me impuso es quererte. Eso lo elegí yo. Elegí amarte hasta el fin de mis días, y ni tú, ni el tiempo, ni la gente, ni la distancia va a impedir que eso sea así. Por eso quiero que sepas que no pude elegir enamorarme de ti, pero elijo amarte sin condiciones.

EN LA ORILLA DE TUS PIERNAS

La tormenta de tu voz desató la cólera del cielo, que inmisericorde buscó castigar a aquel que se encontraba perdido, apreciándote a ti. Ese fui yo. Fue la minúscula percepción de un nosotros en mis ojos inmaduros lo que me hizo imaginarnos a los dos construyendo un velero con el que navegar las olas de la vida.

Ahora me encuentro dando vueltas en el mar de tu indiferencia, como un náufrago buscando atracar los restos del barco de nuestro amor en la orilla de tus piernas, con la única esperanza de encontrar una dulce fruta en la isla de tu cuerpo con la que poder matar el hambre que tengo de ti.

Llevo días deambulando por las costas que forman tu silueta, tratando de entender la dimensión divina de tu geometría. Todo está desierto. No recuerdo cuánto llevo sin probar bocado de la fruta del amor, y lo único que encuentro en ti son árboles estériles. Noto la piel agrietada y escamosa, y mi corazón se pregunta si es por el salitre o por la falta de tus manos nutriéndola.

He comenzado a hablar solo. La falta de ti ha obligado a mi mente a crearte de nuevo, llena de frutas, llena de amor, mientras me tocas con tus manos y me ayudas a reconstruir ese velero al que me subí yo solo. Tú me miras desde la arena, sin estar realmente ahí, a salvo de las olas, desde donde me ofreces tus ánimos para que pueda reparar una nave que tenía por nombre «amor».

Dudo que pueda hacerlo sin ti. Sé que me miras, apartada, esperando que sea capaz de arreglarlo todo, mientras piensas que soy el más diestro marinero en esto del amor.

No puedo hacerlo. La marea está subiendo y las olas de la vida cada vez son más feroces. Son ellas las que esparcen los tablones de nuestro velero por tu costa, con la intención de que no consiga reunirlas jamás. Son ellas las que me impiden sacar a flote el amor, porque saben que nunca fue trabajo de uno solo.

El hambre de ti está haciendo estragos. No soy capaz de ver bien, y mi cansada vista ha comenzado a difuminar la vaga imagen que mi cabeza proyectaba de ti. Ya no puedo verte, a pesar de que sea lo único que deseo.

He decidido quedarme aquí, en la arena, donde tú estabas antes. No me queda mucho tiempo de vida en esto del querer, por lo que esperaré a que mis sentidos me abandonen. Ya apenas puedo imaginar tu voz. Sé que moriré solo, desamparado en esta cama de arena, pero al menos sé que moriré en algo que fue parte de ti.

AMO CONTEMPLARTE

No hay manera de hacer que mis ojos se separen ni un segundo de ti. El sentido de su existencia se reduce en admirar todo lo que te compone, mientras te analizan en busca de un patrón que pueda explicar cómo se puede contener tanta belleza en un solo cuerpo.

Son ellos, mis ojos, los que se quedan cautivos con tu silueta, contemplándola de arriba abajo. Suelen comenzar perdiéndose en ese mar entre miel y avellana que tienes por cabello, surfeándolo con la mirada en cada uno de esos sutiles rizos que se te forman al salir de la ducha.

Acto seguido, caen como por inercia hasta toparse con tus ojos, donde comienzan un duelo que siempre parecen perder. Es ahí donde el color celeste de los tuyos intimida con su luminosidad el color castaño de los míos, evitando que pueda mirarlos durante mucho tiempo.

Tras la derrota que mis ojos siempre obtienen ante los tuyos, comienzan a recorrer tu rostro, dibujando tus rasgos en mi mente y construyendo tu cara desde cero. Aman dibujarte. Mis ojos aman recorrer esas líneas que forman la expresión de tus cejas, bajando por tu nariz hasta llegar a esos labios que siempre fueron mi perdición.

Es ahí, cuando ya te han dibujado entera, que deciden seguir bajando por tu cuerpo, deslizándose al compás del movimiento de unas curvas que son sinónimo de mareos. Siguen el balanceo suave de tus brazos, llegando hasta tus manos, donde mis ojos se paran a contemplarlas con detalle. «Qué bien quedarían junto a las mías», piensan mientras las imaginan entrelazándose, como antaño hacían.

Cuando ese deseo imposible desaparece de mi mente, continúo con el recorrido de trazos que constituyen tu cuerpo, hasta llegar a tus piernas. Ellas fueron las que tantas veces se enredaron con las mías en los días en los que nos faltaba calor, buscando inconscientemente las del otro sabiendo que eran la única solución. Son ellas las que, con ese infinito recorrido y recubiertas de una bronceada tez, me impiden pensarte con claridad.

Al haberte contemplado por completo, mis ojos se encuentran indecisos, tratando de decidir si contemplar de nuevo aquella silueta que anestesia mis sentidos pero que jamás estará a mi lado, o si deciden dejarte marchar, así como el que contempla una escultura una única vez, sabiendo que está condenada a la destrucción.

NO SÉ

La lentitud de las horas me consume muy despacio mientras me pregunto si me sigues queriendo. ¿Para qué? Es ese pensamiento inútil que te ancla a un pasado que jamás volverá e irremediablemente tendrá que ser recordado desde una lejanía en la que mi corazón esté a salvo.

Respóndeme. Responde la inútil pregunta. ¿Me sigues queriendo? Porque jamás entenderé cómo alguien que ama a otra persona la deja desaparecer, desvaneciéndose entre la niebla del olvido que provoca la distancia.

Por momentos quiero responder esa pregunta por mí mismo, diciéndome que sí, que me quieres, me amas, me adoras, me necesitas y estás a un paso de dejarlo todo para volver de nuevo a mis brazos como ya hiciste más de una vez.

¿Lo recuerdas?

Frecuentemente me pregunto también si tú me piensas como yo te pienso a ti. Las horas que antes me mataban mientras me preguntaba si me querías ahora parecen días, porque esta pregunta me parece que nunca encontrará respuesta.

¿Por qué soy yo el condenado a dibujarte en mi mente cada segundo? ¿Por qué mi mano, en vez de sujetar la tuya, sujeta un lápiz con el que te escribo poesía? ¿Por qué tu mano, ahora que no encuentra la mía, va agarrada de la suya? ¿Por qué tus recuerdos se empeñan en quedarse, pero tú decidiste escapar a toda prisa?

La única incógnita con la que mi mente no es capaz de dormir es resolver el misterio de si volverás. Mi cabeza te pide que no lo hagas. Te pide que te escondas lejos, que no reabras aquellas cicatrices que provocaste y todavía no han cerrado. Pero, por otra parte, mi corazón tiene una petición para ti: *Regresa y haz que seamos dueños de ese destino que en su momento decidió separarnos.*

MI NOMBRE ES CAOS, EL TUYO DOLOR

Me dejó mal sabor de boca el abandonarnos, como si el amor que compartimos hubiera sido una travesura infantil, guardando todas las caricias, gestos y besos bajo una manta de indiferencia. Pero, dime, ¿escondes ahí también, junto a todo lo nuestro, las ganas que tienes de verme?

Porque ahora mismo no podríamos encontrarnos ni aunque nos tuviéramos de frente. ¿Quién podría? Si, en definitiva, no puedes encontrar a alguien que ha dejado de existir. Sí, tu cuerpo sigue aquí. Y sí, el mío también, pero ¿quién va a ser tan iluso de pensar que dentro de ellos encontraremos a los mismos adolescentes que hicieron de su vida una burbuja para amarse?

No los encontraremos. Quizá porque mi nombre para ti sea caos, o quizá porque el tuyo para mí es sinónimo de dolor. Nos dejamos mutuamente una sensación agridulce del amor, y eso no me lo perdonaré jamás.

Es posible que ya estuviera escrito. Es posible que el distanciarnos solo fuera sorpresa para mí. Quizá no sea nuestro momento, y quizá nunca lo fue. La única esperanza que puede quedarnos es que nuestro momento esté esperándonos en el futuro. Ese futuro en el que mi cuerpo haya aprendido a metabolizar tu veneno y el tuyo sea capaz de ignorarme.

No sé si existirá ese futuro. Solo sé que, mientras la arena del reloj se esfuma entre mis dedos en forma de tiempo, es algo que cada vez parece más imposible.

POSFACIO

REFLEXIÓN SOBRE EL AMOR

El amor, ese enigma que nos envuelve con sus hilos invisibles, es la esencia misma de la vida. Se manifiesta en mil formas, en miradas que dicen más que las palabras, en caricias que hablan el lenguaje de las almas. Es un fuego que arde en el pecho, una melodía susurrada al oído, una danza entre corazones que buscan latir al unísono.

Amar es navegar en un océano sin mapas, donde las olas de la incertidumbre se entrelazan con las corrientes de la esperanza. Es descubrir paisajes inexplorados en los ojos del otro, encontrar en sus rincones la magia que nos transforma. Amar es aceptar la vulnerabilidad, entregar el corazón sabiendo que puede romperse, y aun así, encontrar en esa entrega la fortaleza de sentirse vivo.

El amor es a veces suave como el terciopelo, otras, feroz como una tormenta. Nos eleva a alturas inimaginables y nos sumerge en abismos profundos. En su dualidad, encontramos la plenitud, la certeza de que la vida, con todas sus luces y sombras, vale la pena ser vivida.

Amar es también aprender a dejar ir, entender que las almas se encuentran y se separan en un baile eterno de encuentros y despedidas. En cada adiós, llevamos con nosotros un pedazo del otro, una chispa de lo que fuimos juntos. Y así, el amor se convierte en memoria, en un suspiro que resuena en el tiempo, en una estrella que brilla en el firmamento de nuestros recuerdos.

Al final, el amor es la poesía del ser, la razón por la que el corazón late y los sueños vuelan. Es el hilo dorado que teje nuestras historias, el faro que guía nuestras noches más oscuras. Que este amor, en todas sus formas, nos siga inspirando, nos siga encontrando y nos siga recordando que, más allá de todo, somos eternos buscadores de ese instante perfecto donde dos almas se abrazan y el mundo, por un momento, se detiene.

AGRADECIMIENTOS

AGRADECIMIENTOS

Esta obra no quiero agradecérsela a nadie más que a los golpes de la vida, a sus vueltas, giros impredecibles, ganancias y pérdidas, porque sin todo ello esta obra jamás se hubiera dado. A las tormentas que sacudieron mi alma, revelando las más profundas verdades que guardaba en mi interior. A los días de sol, donde la esperanza florecía y las palabras se deslizaban con la suavidad del viento.

Agradezco a los amores, que con su fuego intenso y sus silencios me enseñaron el verdadero significado del corazón. A aquellos que llegaron para quedarse y a los que partieron dejando huellas imborrables. Gracias por ser inspiración y musa, por alimentar cada verso con la fuerza de sus emociones.

A los amigos y desconocidos que cruzaron mi camino, cada encuentro fue un recordatorio de la humanidad compartida, de la belleza de las historias entrelazadas. Sus sonrisas y lágrimas, sus consejos y silencios, todos ellos han sido pilares invisibles que sostuvieron mi pluma.

A los momentos de soledad, que en su aparente desierto revelaron oasis de creatividad y reflexión. En esos instantes de introspección encontré las palabras que yacían dormidas, esperando ser despertadas por el eco de mis pensamientos.

A las ciudades y paisajes que han sido testigos de mis pasos, cada rincón recorrido se convirtió en escenario de versos y metáforas. Gracias a la naturaleza, con su infinita sabiduría, por recordarme siempre la simplicidad y profundidad de la vida.

Finalmente, a ti, querido lector o lectora, por abrir las páginas de esta obra y sumergirte en el universo de mis palabras. Sin tu mirada, estos poemas serían solo ecos en un vacío. Gracias por ser el alma que completa este ciclo de creación y recepción, por darle vida a cada verso con tu interpretación y sentir.

Índice

POSFACIO

Este libro se terminó de editar en Granada
en octubre de 2024 por

Aliarediciones

www.aliarediciones.es

info@aliarediciones.es